Esther Winter
Hab Mut zu träumen

Esther Winter

Hab Mut zu träumen

Energie und Motivation
für dein neues Ich

HERDER

FREIBURG · BASEL · WIEN

INHALT

EINLADUNG

Du bist herzlich eingeladen …

… deine Komfortzone zu verlassen und neue Wege zu beschreiten, um deine Träume und Ziele endlich wahr werden zu lassen.

In der täglichen Hektik und Routine vergessen wir oft, wovon wir einst geträumt haben und welches besondere Ziel wir erreichen wollten. Es ist an der Zeit, die Kontrolle über dein Schicksal zu übernehmen und dein neues Ich zu entfalten.

Die Reise zu deinem neuen Selbst beginnt nicht nur mit dem Wunsch nach Veränderung, sondern erfordert auch Mut, den ersten Schritt zu setzen. Die folgenden Seiten sollen dich inspirieren, motivieren und mit der notwendigen Energie versorgen, um die Hindernisse auf dem Weg zu deinem besonderen Traum und Ziel zu überwinden.

Egal ob du nach beruflichem Erfolg, Glück oder innerer Harmonie strebst – in diesem Buch findest du die Werkzeuge, die dir helfen, deine Träume in die Realität umzusetzen. Durch praktische Übungen wirst du lernen, das Vertrauen in deine eigenen Fähigkeiten zu finden, deine innere Kraft zu stärken und ein gesundes Gleichgewicht zwischen Körper, Geist und Seele herzustellen.

Bist du bereit für diese aufregende Reise?

„Jeder Tag ist eine neue Chance, das zu tun, was du möchtest."

FRIEDRICH SCHILLER (1759–1805)

SETZ DIR DEIN ZIEL

Damit du deine Träume und Wünsche realisie-
ren kannst, musst du dir ein klares Ziel setzen,
wohin die Reise gehen soll und was du erreichen
willst. Unser Unterbewusstsein ist wie ein Navi
im Auto, das auf eine konkrete Eingabe war-
tet. Daher formuliere dein Ziel so präzise und
genau wie möglich und vermeide allgemei-
ne Aussagen wie: „Ich will Karriere machen."
Stattdessen könntest du sagen: „In einem
Jahr will ich eine Führungsposition haben."

Wichtig ist, dass dein Ziel realistisch und auch erreichbar ist. Auch sollte dein Ziel eine zeitliche Grenze haben, damit du weißt, auf was für ein Endziel du hinarbeitest. Wenn diese jedoch zu weit in der Zukunft liegt, kann das demotivierend wirken, daher baue dir kleine Erfolge und Zwischenziele ein.

Schreib dir deine Ziele auf und schau sie dir immer wieder an, um dich daran zu erinnern und dich daran zu halten.

VISUALISIERE DEINE TRÄUME

Wenn es dir schwerfällt, ein konkretes Ziel zu finden, dann mach dir ein „Moodboard". Nimm einen großen Bogen Papier oder eine Magnetwand und notier dir ganz ungefiltert alle Träume, Ideen, Wünsche und Vorstellungen. Gib ihnen Farben oder hänge die passenden Bilder dazu. Visualisiere deine Vision und lass es eine Zeitlang auf dich wirken. Vielleicht streichst du das eine oder andere wieder oder fügst neue Impulse hinzu.

Wenn sich ein Ziel für dich herauskristallisiert, dann schließ die Augen und stell dir vor, wie es sich anfühlt, dieses Ziel zu erreichen. Versuche dir das mit so vielen Details wie nur möglich auszumalen, denn nur so spürst du, ob es wirklich das Richtige für dich ist.

„Nur wer sein Ziel kennt, findet den Weg."

LAOTSE (CA. 6. JH.V.CHR.)

BEFREI DICH VON ALTEM BALLAST

Ein neuer Lebensabschnitt beginnt, und alles, was dich belastet kannst, du hinter dir lassen. Wasch allen alten Ballast symbolisch ab und genieße mit frischer Haut und voller Energie dein neues Ich.

Misch dir dazu ein **Körperpeeling** mit folgenden Zutaten in einem verschließbaren Gefäß:

2 Tr. Pfefferminz
3 Tr. Citronella
5 ml Mandelöl
50 g Meersalz

Die ätherischen Öle wirken konzentrationsfördernd und klärend.

ATME DICH FREI

Wenn die Ideen, Gedanken oder Projekte in deinem Kopf überhandnehmen und du dich nicht mehr richtig konzentrieren kannst, dann schalte Körper und Geist aktiv ab, indem du dich nur auf deinen Atem fokussierst.

Bewusstes und richtiges Atmen ist pure Lebenskraft. Es sorgt für Entspannung, da es den Körper besser mit Sauerstoff versorgt, und es senkt die Herzfrequenz.

Leg dich in einem ruhigen Moment auf den Boden und schließ die Augen. Leg beide Hände knapp unterhalb des Bauchnabels auf deinen Bauch und atme bewusst ganz tief und langsam in deinen Bauch hinein und genau so lange wieder aus. Spür an deinen Händen, wie sich dein Bauch hebt und senkt.

Mach diese Übung, solange du dich dabei wohlfühlst, und wiederhole sie mehrmals täglich.

DEIN WAHRES ICH

Steigere dein Selbstbewusstsein durch die positive Visualisierung deines Selbstbildes.

Schließ die Augen und stell dir vor, wie du vor einer anderen Version deiner selbst stehst. Dieses „andere Ich" ist das herrlichste Ich, das du dir nur vorstellen kannst – dein wahres Ich. Es strahlt eine fantastische Energie aus, Vitalität, Lebensfreude, Selbstbewusstsein – und pure Freiheit. Schau dir ganz genau an, wie dein anderes Ich Probleme spielend einfach löst und seine Ziele erreicht. Dieses wahre Ich ist selbstbewusst, voller Energie, verdient Liebe und ist glücklich.

Stell dir jetzt vor, wie du dich hinter dein anderes Selbst stellst. Steige nun in das andere Ich hinein und verschmilz komplett mit ihm. Du schaust durch die Augen deines wahren Ich, du hörst mit den Ohren deines wahren Ich, und du fühlst, wie gut es sich anfühlt, sein wahres Selbst zu leben.

Stell dir nun deine perfekte Zukunft vor und sieh dich selbst vor deinem geistigen Auge, wie du mehr und mehr dein „authentisches Selbst" lebst. Frei und voller Energie.

Ich liebe und
akzeptiere
mich so,
wie ich bin.

Dein MUTMACH-DUFTANKER

Wenn dir manchmal das Selbstvertrauen und der nötige Mut fehlen, um eine Aufgabe anzugehen, misch dir deinen **Mutmach-Duft.**

Das ätherische Öl der Zirbelkiefer vermittelt Mut und Selbstvertrauen und hilft, auch mal „Nein" zu sagen. Bergamotte bringt gute Laune und Lebensfreude zurück und verjagt negative Gedanken.

Misch die folgenden Zutaten in einer kleinen Flasche.

2 Tr. Zirbelkiefer
3 Tr. Bergamotte
10 ml Mandelöl

Trage diesen Duft immer bei dir, und wann immer du eine Erinnerung benötigst, kannst du kurz daran riechen oder ihn auf deine Pulspunkte geben.

DER BERG
DER VERÄNDERUNG

Nachdem du nun dein Ziel klar vor Augen hast, dich jedoch die bevorstehende Veränderung einschüchtert, starte deinen Weg in dein neues Ich zuerst einmal mental.

Schließ die Augen und stell dir vor, dass du am Fuße eines wunderschönen Bergs stehst. Vielleicht ist er hoch und steil, mit dunklen Wäldern bewachsen, oder er hat eine sanft gerundete Kuppe, mit saftig grünen Wiesen. Vor dir siehst du in Gedanken einen Weg, der dich nach oben führt. In der Ferne erblickst du das Gipfelkreuz – dein Ziel! Langsam, aber stetig beginnst du nun, diesen Weg nach oben zu gehen. Eventuell ist er anstrengend, oder er verläuft in leichten Kurven nach oben. Beobachte, was dir auf deinem Weg begegnet. Registriere die Schönheiten der Natur oder auch Steine und Hindernisse, die dir das Weitergehen erschweren.

Du kannst, wann immer du es benötigst, eine Rast einlegen. Wenn es dir zu beschwerlich wird, kannst du diese mentale Reise auch auf mehreren Etappen durchführen. Solange, bis du an deinem Ziel angelangt bist. Und in diesem Moment, an dem du vom Gipfel des Berges in die Ferne schaust, wird dir bewusst, dass DU alleine es geschafft hast! Ein tiefes Gefühl von Stolz und Zufriedenheit breitet sich in dir aus.

DEIN GLÜCKSSTEIN

Manchmal tauchen auf dem Weg der Veränderung Probleme oder Hürden auf, die dich verzweifeln lassen. Dann ist es hilfreich sich daran zu erinnern, was du im Leben schon alles erreicht hast und welche Schwierigkeiten du bereits gemeistert hast.

Nimm einen schönen Edelstein, vielleicht einen *Bergkristall* oder *Rosenquarz* in Form eines Trommelsteines oder Handschmeichlers, in deine Hand und schließ die Augen.

Nun lässt du dein Unterbewusstsein auf eine Reise in deine Vergangenheit gehen. Erlebe jeden Moment deines Lebens, in dem du erfolgreich und motiviert warst und an dem du dich geliebt und gewertschätzt gefühlt hast, in Gedanken noch einmal. Jeden Glücksmoment, die großen wie die kleinen. Und all diese Augenblicke lässt du nun in den Edelstein in deiner Hand fließen, sodass sich der Stein mit einer unglaublichen Energie auflädt. Vielleicht wird er in deiner Hand sogar warm, oder es kribbelt in den Handflächen. Gleichzeitig spürst du ein unglaubliches Gefühl von Mut und Zuversicht.

Trag diesen Ankerstein nun immer bei dir, und wenn du dich mutlos und unsicher fühlst, nimm deinen Stein in die Hand, schließ kurz die Augen und erlaube es deinem Unterbewusstsein diese Glücksgefühle wieder zurückkehren zu lassen.

ALLES KLAR

Wenn dir die nötige Konzentration für eine schwierige Aufgabe fehlt, hol dir neue Energie mit einem duftenden Raumspray.

Du benötigst dazu eine Flasche mit Zerstäuberaufsatz. Als Trägerflüssigkeit kann Apothekenalkohol verwendet werden.

Mische 30 ml Alkohol mit folgenden ätherischen Ölen:

5 Tr. Orange
5 Tr. Bergamotteminze
3 Tr. Zeder
2 Tr. Wacholderbeere

Die ätherischen Öle dienen zur Verbesserung der kognitiven Fähigkeiten und machen klar und konzentriert.

Ich bin offen
für Neues und
spannende
Herausforderungen.

SEI DIR DEINER STÄRKEN BEWUSST

Bei Bewerbungsgesprächen nach Stärken und Schwächen gefragt, fallen den meisten Bewerbern ganz viele Schwächen ein – bei den Stärken müssen sie lange überlegen. Warum fällt es uns so schwer, stolz auf uns zu sein und uns voller Selbstliebe darzustellen?

Nimm ein Blatt Papier und schreib eine Liste all deiner Fähigkeiten, Talente und Erfolge. Was kannst du besonders gut? Auch scheinbar banale Dinge wie „Ich kann gut zuhören" oder „Ich bin hilfsbereit" gehören auf die Liste.

Häng die Liste an einen Ort, wo du sie immer vor Augen hast. Wann immer du nun an dir zweifelst oder glaubst, es nicht zu schaffen, lies dir jede deiner Stärken laut vor. Mit jedem Satz wirst du mutiger und hoffnungsvoller werden.

ICH BIN STARK!

Misch dir dein ganz persönliches „Ich bin stark"-Parfüm.

Für einen 30-ml-Tiegel lässt du 10 g Kakaobutter und 5 g Bienenwachs im Wasserbad schmelzen. Dann gibst du 20 g Jojoba hinzu und verrührst alles, bis ein geschmeidiger Balsam entsteht.

Wenn die Mischung handwarm, aber noch nicht fest ist, gibst du folgende ätherische Ölmischung hinzu:

8 Tr. Grapefruit
16 Tr. Orange
8 Tr. Bergamotte
4 Tr. Rosengeranie
4 Tr. Immortelle
10 Tr. Benzoe Siam
2 Tr. Cistrose
5 Tr. Neroli

Füll es in einen Tiegel ein und verschließ es erst, wenn es erkaltet ist.

Du kannst dein Balsam wie ein Parfüm hinter die Ohren oder die Pulspunkte auftragen.

DER INNERE KRITIKER

Auch wenn du von deinen Träumen und Ideen überzeugt bist, kommt es vor, dass sich dein innerer Kritiker meldet und dich zweifeln lässt.

Bring ihn mit dieser Übung zum Verstummen:

Schließ die Augen und stell dir deinen inneren Kritiker als kleinen, hässlichen Gnom vor, der dich mit schriller Stimme von deinem Weg abhalten will. Spür, wo genau er in deinem Körper sitzt. Im Bauch, wo er dir eine innere Unruhe beschert? Oder im Brustbereich, wo du einen leichten Druck verspürst? Visualisiere und orte ihn genau. Nun stell dir vor, dass du ihn aus deinem Körper herausnimmst und ihn auf deine Schulter setzt. Fühlt es sich bereits anders an? Immer noch zu nah und zu aufdringlich? Nun streck deinen Arm aus, mit der Handfläche nach oben und setze ihn darauf. Er ist nun weiter weg von dir, aber immer noch in unangenehmer Nähe? Nimm deine andere Hand und schnippe ihn weg, so weit es geht. Sogleich wirst du ein unglaubliches Gefühl von Leichtigkeit und Freiheit wahrnehmen.

GLAUBENSSÄTZE ERKENNEN UND UMWANDELN

Im Leben blockieren uns oft falsche Überzeugungen und Annahmen über uns selbst. Das hat zur Folge, dass wir unser Leben nicht so gestalten können, wie wir eigentlich wollen. Diese Glaubenssätze haben sich durch frühe Lebenserfahrungen oder die Meinung wichtiger Bezugspersonen in uns manifestiert. Beispielsweise Sätze wie „Das kannst du nicht" oder „Du bist nicht gut genug".

Jetzt ist es an der Zeit, diese einengenden Muster loszuwerden.

Nimm dir zwei kleine Zettel. Auf den einen Zettel schreibst du den Glaubenssatz, der dich am meisten in deinem Leben behindert. Auf den anderen schreibst du deinen neuen Glaubenssatz, das Gegenteil von deinem alten. Wenn also zum Beispiel dein bisheriger Glaubenssatz „Bei mir geht alles schief" war, wird dein neuer „Ich erreiche alles, was ich mir vornehme" lauten. Schließ nun die Augen und stell dir vor, dass sich vor dir im Boden eine unsichtbare Klappe öffnet und eine schwere Truhe nach oben kommt. Öffne die Truhe und leg in Gedanken deinen Zettel mit dem alten Glaubensmuster hinein. Dann schließt du den Deckel der Truhe und geräuschlos verschwindet die Truhe wieder.

Nun öffnest du die Augen und zerreißt den Zettel mit deinem alten Glaubenssatz. Den Zettel mit deinem neuen Glaubenssatz liest du dir laut vor und bewahrst ihn bei dir auf. Wann immer du zukünftig an dir zweifelst, liest du ihn und spürst neues Selbstvertrauen.

DIE FLAMME DES ATEMS

Wenn dich negative Gedanken einfach nicht zur Ruhe kommen lassen, dann schließ die Augen und stell dir vor, dass du so vor einer brennenden Kerze sitzt, dass du mit deinem Atem die Flamme erreichst. Atme nun so sanft gegen die Flamme, dass sie sich bewegt, aber nicht erlöscht. Versuche, alle negativen Gedanken außerhalb des Flammenscheines zu halten. Wenn sie dennoch erscheinen schieb sie weg und konzentrier dich darauf, mit deinem Atem die Kerzenflamme in Bewegung zu halten.

„Wenn du gehen
      kannst, kannst
du auch tanzen.
Wenn du reden
      kannst, kannst
du auch singen.
Wenn du denken
      kannst, kannst du
auch träumen."

WEISHEIT AUS AFRIKA

AUF DER SOMMERWIESE

Konzentrier dich nur auf deinen Atem und erlaube es dir selbst, nun in eine tiefe Entspannung hineinzugleiten. Stelle dir nun vor, wie du barfuß über eine Wiese läufst. Eine warme Sommerwiese, deren Grashalme an deinen Füßen kitzeln. Die Halme sind warm und strahlen diese Wärme angenehm ab … und diese Wärme steigt von deinen Fußsohlen langsam höher, in deinen gesamten Körper bis in deine Fingerspitzen. Du spürst diese angenehme Wärme nun überall, und vielleicht kribbelt es sogar angenehm in deinen Händen und Füßen. Du atmest den betörenden Duft der bunten Blumen ganz tief ein und wieder aus und fühlst dich angenehm entspannt.

MÜDE FÜSSE WIEDER MUNTER

Unsere Füße leisten täglich Schwerstarbeit, denn auf ihnen lastet unser gesamtes Körpergewicht. Daher sollten wir sie besonders verwöhnen, denn wenn die Füße entspannt sind, überträgt sich das auf den restlichen Körper. Beginn mit einem warmen Fußbad. Warme und leicht feuchte Haut kann die Wirkstoffe der ätherischen Öle besser aufnehmen.

Misch die Zutaten in einer kleinen Flasche und massiere damit deine Füße.

4 Tr. Lavendel
2 Tr. Mandarine rot
20 ml Mandelöl

Ich stelle mein Licht
nicht unter den
Scheffel, sondern lasse
es hell leuchten.

LASS DEINE SORGEN EINFACH LOS

Wenn dich auf dem Weg zu deinem Ziel Ängste und Sorgen blockieren, schließ die Augen und stell dir vor, dass du dich an einem wunderschönen Strand befindest, an dem du dich behütet und sicher fühlst. Plötzlich taucht am Horizont eine kleine weiße Wolke auf, die sich dir schnell nähert, bis sie sich direkt über dir befindet. Es ist die flauschigste und schönste weiße Wolke, die du je gesehen hast. Und instinktiv weißt du, dass du alle Sorgen, Probleme und Blockaden einfach in diese weiße Wolke hinaufsteigen lassen kannst, sodass du dabei zuschauen kannst, wie sich deine Unsicherheiten und Ängste wie der Rauch eines Lagerfeuers in einer langsamen Spirale gen Himmel hinauf zur Wolke zwirbeln. Die Wolke saugt jedes einzelne Problem und jede Unsicherheit einfach auf. Sie schluckt deine ganze Angst und jede Blockade und wird dabei immer dunkler und dunkler, bis du alles nach oben gelassen hast. Und genau dann, wenn sie so dunkel und voll wie nur möglich geworden ist, *bricht die Sonne durch die Wolken*, und die Sonnenstrahlen lassen die Wolke einfach zerbersten. Und all dein Sorgen, jede einzelne Angst oder Unsicherheit, fliegen bis an die Grenzen des Universums, und das schenkt dir ein herrliches Gefühl tiefster Gelassenheit.

NIMM DER HERAUSFORDERUNG IHREN SCHRECKEN

Wenn du eine große Aufgabe vor dir hast, kann das auf den ersten Blick abschreckend und beängstigend sein. Teile die große Aufgabe in viele kleiner Teilabschnitte auf, die sich nacheinander bewältigen lassen. Diese teilst du nun wiederum in einzelne Zeitabschnitte ein. Beispielsweise stellst du dir den Wecker und arbeitest konzentriert eine Stunde am Stück. Dann erlaubst du dir eine Pause, und am Ende des Tagesabschnittes gönnst du dir eine Belohnung. So wirkt die Herausforderung nicht wie eine unendliche Sisyphusarbeit und verliert ihren Schrecken, da du so jeden Tag kleine Erfolge erzielst.

WÄRME UND GEBORGENHEIT

Ein Duft, der besonders heimelig und vertraut ist und Zuversicht und Geborgenheit verspricht, ist das Aroma von Vanille.

Wenn du das Gefühl hast, ruhe- und orientierungslos zu sein, dann nimm ein hochwertiges *ätherisches Vanilleöl* oder eine *aufgeschnittene Vanilleschote* und schnuppere daran. Durch das Riechen an Vanille wird der Neurotransmitter Serotonin ausgeschüttet, der dir wieder Bodenhaftung gibt, sodass du dich zufrieden und geborgen fühlst.

Benutze deinen Vanilleduft wie ein Riechfläschchen, das du bei dir trägst und anwendest, wann immer du es benötigst.

DEN STRESS EINFACH ABSCHÜTTELN

Wenn wir Stress haben, spüren wir, wie die Muskeln sich verspannen und verhärten. Gerade die Schultern und der Nacken sind davon besonders betroffen. Daher lockere diese Körperpartien, sooft es geht.

Beide Arme gerade zur Seite strecken und fest nach innen und außen drehen. Und das so oft wie möglich wiederholen. Du musst dabei eine deutliche Bewegung in den Schultergelenken spüren. Dann die Arme fallen lassen und locker ausschütteln.

ICH BIN GUT SO, WIE ICH BIN

Wenn du dich mutlos und unsicher fühlst, stärke dein Ich mit folgender Meditation.

Schließ deine Augen und atme tief ein und wieder aus, bis du so entspannt bist, dass du eine wunderschöne innere Ruhe spüren kannst. Tief in deinem Inneren bauen sich nun diese Ruhe und Sicherheit immer mehr auf, sodass dir jetzt die Dinge, die dich aufgeregt oder verunsichert haben, nur noch ein Lächeln entlocken, während du gleichzeitig Ideen für Lösungen bekommst. Gib deinem Unterbewusstsein den Befehl, ab heute dafür zu sorgen, dass jeglicher Stress und alle Sorgen nachts im Schlaf von deiner Seele gespült werden, sodass du jeden Morgen hellwach und voller Energie in den Tag startest. Du weißt, dass sich deine Konzen-

tration mit jedem Tag verbessert und du dich zielstrebig um die Dinge kümmern kannst, die du erledigen willst. Es fällt dir spielend leicht, negative Gedanken und Gefühle wie einen alten Wintermantel einfach abzu-streifen, während sich ein innerer Optimismus bei dir einstellt und du nur an die Dinge denkst, die du tun kannst. Du trittst dir von nun an mit völlig neuem Respekt selbst gegenüber. Mit Stolz auf dich, auf dein Leben und auf deine eigene Persönlichkeit. Und diese Selbstliebe wird von heute an Tag für Tag und für den Rest deines Lebens unaufhörlich wachsen.

LÄCHLE, UND DIE WELT LÄCHELT ZURÜCK

Verärgerung oder Mutlosigkeit spiegeln sich als Erstes in deinem Gesicht wider. Die Muskeln sind angespannt, und die Mundwinkel zeigen nach unten.

Mach zur Entspannung eine Übung aus dem Tai Chi – das „innere Lächeln":

Entspanne bewusst dein Gesicht, öffne leicht den Mund und atme sanft ein und wieder aus, bis dein Atem ganz natürlich und weich ist.

Wenn du die Entspannung spüren kannst, stell dir vor, wie tief in dir drin ein Lächeln entsteht, das sich von innen heraus in deinem ganzen Körper ausbreitet. Mach diese Übung so lange, bis dieses Lächeln auch deinen Mund erreicht und nach außen tritt.

Du wirst spüren, wie du lächelnd viel entspannter, mutiger und kraftvoller bist.

Ich bleibe ruhig,
atme erst mal durch,
wenn mich etwas
ärgert, und rege mich
nicht mehr über
Kleinigkeiten auf.

DUFTENDE TRÄUME

Stell deine eigene Duftkerze her, mit einem Duft, der deine Träume beflügelt und deine Motivation weckt.

Schmilz alte, unparfümierte Wachsreste in einem Wasserbad und entferne die alten Dochte. Wenn das Wachs vollständig geschmolzen ist, lass es etwas abkühlen.

Bereite einen Kerzenbehälter (ein Schraubglas oder Ähnliches) vor, indem du einen Docht (aus dem Baumarkt) hineingibst und das Ende mit einer Wäscheklammer auf dem Glas fixierst.

Füge dann das ätherische Öl deiner Wahl dem geschmolzenen Wachs bei.

Gib ca. **20 bis 30 Tropfen Duftöl pro 200 g Wachs** hinzu.

Für mehr Motivation eignen sich gut die ätherischen Öle von **Zypresse, Limette oder Bergamotte**.

Nun hast du deinen eigenen, natürlichen Raumduft.

FOKUSSIERE DEINE GEDANKEN

Es gibt Momente, da ist der Kopf so voll mit verschiedenen Gedanken oder Projekten, dass man sich nicht mehr richtig sortieren kann und gestresst fühlt. Folgende Übung hilft dir:

Leg eine gesamte Handinnenfläche auf die Stirn, die andere auf den unteren Bereich des Hinterkopfes. Halte diese Position und beweg deine Pupillen langsam im Uhrzeigersinn in einem großen Kreis – ohne dabei den Kopf zu bewegen. Dann mach dasselbe in der Gegenrichtung.

Anschließend führst du denselben Ablauf mit geschlossenen Augen durch.

Spür in dich hinein, wie sich dein Geist klärt, und halte die Position, bis dein Stresswert sinkt und du dich entspannt fühlst.

„Den größten Fehler,
den man im Leben
machen kann,

ist immer Angst
zu haben, einen Fehler
zu machen."

DIETRICH BONHOEFFER (1906–1945)

EIN NEUER ENERGIESCHUB

Manchmal benötigt man einen kleinen Energieschub zwischendurch, wenn die Aufgabe, die man bearbeitet, langwierig und ermüdend ist.

Setz dich aufrecht auf einen Stuhl, umfasse an beiden Händen den Daumen mit den Fingern und leg die Fäuste auf deine Schenkel. Dabei atmest du tief ein. Beim Ausatmen öffnest du die Hände und schüttelst sie aus. Wiederhol diese Übung mehrmals, und du wirst spüren, wie du wieder in deine Kraft kommst.

HEISSE HILFE

Wenn du vor einer Aufgabe besonders nervös bist oder mutlos, weil es nicht so vorangeht, wie du möchtest, dann misch dir folgenden Trunk zum Runterkommen und Durchatmen:

Gib in einen Becher einen Esslöffel Honig und einen Tropfen Lavendelöl. Gieß es dann entweder mit heißem Wasser oder Roibuschtee, Milch oder Kakao auf und verrühr alles gut.

Nun trink Schluck für Schluck und spüre, wie du wieder ruhiger und gelassener wirst.

DEINE KRAFTTANKSTELLE

Schließ deine Augen, atme tief ein und wieder aus und stell dir vor, wie du aufrecht und kraftvoll auf einer Waldlichtung stehst. Um dich herum nur die freie und unberührte Natur und eine würzig-frische Brise, die dir sanft über deine Wangen streicht und dir ein unbeschreibliches Gefühl von Stärke und Zuversicht schenkt. Durch die Äste der Bäume um dich herum brechen vereinzelte Sonnenstrahlen hindurch, die deinen Kopf und die Schultern wärmen und dir ein rundum stimmiges Gefühl von Ruhe und Zuversicht schenken … Und du weißt, dass diese Waldlichtung ein ganz besonderer Ort für dich ist, denn dort befindest du dich am Speicher deiner eigenen Stärke und Energie und kannst eine unerschöpfliche Menge an Konzentration und Kraft tanken – jederzeit und so viel du benötigst.

Und während du mit jedem Atemzug immer tiefer in die Entspannung gleitest, kannst du in Gedanken bis zehn zählen, und mit jeder Zahl laden sich deine inneren Batterien immer weiter auf, geradezu wie ein Akku, der bei der Zahl zehn vollständig aufgeladen sein wird und dir all die Kraft, Energie und Stärke zur Verfügung stellen wird, die du benötigst, damit dein Leben perfekt ist.

IN DER RUHE
LIEGT DIE KRAFT

Die entspannende Wirkung von Meditationen kannst du mit einer passenden Raumbeduftung optimal unterstützen.

Misch dir für deine Duftlampe folgende ätherischen Öle:

4 Tr Rose
4 Tr Tonka
4 Tr Lavendel

Der Duft lädt zum Wohlfühlen ein und ist Balsam für die Seele. Du wirst eine tiefe Entspannung spüren.

NIMM DIR EINE AUSZEIT

Du schließt die Augen und findest dich an einem wunderschönen, verlassenen Strand wieder, der sich so weit erstreckt, wie das Auge reicht. Du spürst den warmen Sand zwischen deinen Zehen, während eine Welle deine Fußknöchel mit Wasser umspült. Der frische Meeresduft, die Sonnenstrahlen an der Wasseroberfläche und das Geräusch von Wasser, das gegen den Sand gespült wird, erzeugen den Anschein, dass es sich hier um einen Ort handelt, an dem Zeit überhaupt keine Rolle spielt, sodass du es dir jetzt einfach irgendwo bequem machst, um über das Meer hinweg in Richtung Horizont zu blicken. Deine Finger gleiten durch den feinen Sand, und du spürst ein tiefes Gefühl von innerer Ruhe.

ENTSPANN DEINE AUGEN

Bei langem Arbeiten, besonders vor dem Bildschirm, können sehr schnell die Augen ermüden. Dies kann dazu führen, dass Energie und Motivation leiden.

Daher mach immer wieder folgende Übung für deine Augen:

Schließ deine Augen und stell dir eine Uhr vor. Konzentrier dich auf die Zwölf. Nun bewegst du deine Augen zur Eins und wieder zurück zur Zwölf, dann zur Zwei und wieder zurück und so weiter, bis du das gesamte Ziffernblatt umrundet hast.

Du wirst spüren, dass deine Augen nun viel beweglicher und wacher sind.

„Hab Geduld in allen Dingen, aber besonders mit dir selbst."

FRANZ VON SALES (1567–1622)

HEILENDE BERÜHRUNG

Ein negativer Gedanke verfolgt dich, und du kannst ihn nicht abschütteln? Dann versuch es mit folgender Übung:

Wenn dieser ängstigende oder problematische Gedanke wieder besonders aufdringlich ist, male mit zwei Fingern und leichtem Druck eine liegende Acht auf deine Stirn und zähle dabei laut bis zwanzig. Wiederhole diese Übung so lange, bis du nur noch positive Gefühle hast.

Hexerei? Keineswegs – über die Berührung werden die Neurotransmitter Oxytocin und Serotonin ausgeschüttet, die ein „Gegengift" zum Stresshormon Cortisol sind. Durch das Zählen lenkst du deine Gedanken aktiv ab.

Probier es aus!

Ich bin **dankbar**
für alles,
was ich habe.

EIN GUTER SCHLAF BRINGT NEUE ENERGIE

Wenn dich die Gedanken nicht einschlafen lassen und du dich nachts unruhig im Bett hin und her wälzt, dann sorgt diese Ölmischung für einen ruhigen Schlaf.

Misch dir in einer kleinen Flasche:

3 Tr. Zeder
3 Tr. Lavendel
2 Tr. Mandarine rot
2 Tr. Vanille
2 Tr. Rose
50 ml Jojobaöl

Mach dir zuerst für ca. fünf Minuten einen feuchtwarmen Bauchwickel, denn feuchte und warme Haut kann die ätherischen Öle besser aufnehmen. Dann reib dir mit sanften, kreisenden Bewegungen die Mischung auf deinen Bauch und sprich dazu folgende Affirmation: „Ich werde ruhig und entspannt schlafen."

SEI DANKBAR

Bevor du abends einschläfst, lass den Tag Revue passieren. Präg dir alles Gute, was an diesem Tag passiert ist, ein. Sei bewusst dankbar für jeden einzelnen schönen Moment oder Erfolg, den du erlebt hast. Alles Schlechte lässt du einfach davonfliegen. Zum Schluss sagst du dir: „Morgen wird ein guter Tag." Und mit diesem positiven Gedanken schläfst du ein. Mach diese Übung zu deinem festen Einschlafritual, und du wirst entspannter schlafen und positiv gestimmt aufwachen.

VITA

Esther Winter ist geprüfte Heilpraktikerin für Psychotherapie sowie Hypnose-, Aroma- und Entspannungstherapeutin. Sie lebt mit ihrer Familie in Oberbayern und arbeitet als Coach, Dozentin und Therapeutin mit eigener Praxis.

Wenn Sie mehr über die Autorin oder ihre Arbeit erfahren wollen, schauen Sie auf ihrer Website *www.estherwinter.de* vorbei.

Bildnachweis

Umschlaggestaltung: Gestaltungssaal, Rohrdorf
Umschlagmotive: © Daria Doroshchuk / GettyImages,
Irina Zemskova / GettyImages, momnoi / GettyImages
Innengestaltung und Satz: Gestaltungssaal, Rohrdorf

Herstellung: Graspo CZ, Zlín
Printed in the Czech Republic

ISBN 978-3-451-03457-2